**Lies genau.**

AF177779

○ eine Hose

⊗ ein   Hase

○ ein Ring

○ ein Rind

○ ein Mund

○ ein Mond

○ ein Ruder

○ ein Bruder

○ eine Mandel

○ ein   Mantel

○ ein Freund

○ ein Feind

   1

**1**  Male so aus.

| die Äpfel | die Bananen |
|-----------|-------------|
| die Kirschen | die Zitrone |

| die Orange | die Pflaumen |
|------------|--------------|
| die Aprikosen | die Trauben |

| die Birnen | die Walnuss |
|------------|-------------|
| die Melone | |

lesen und ausmalen

2   ☹

**Viel Spaß!**

## 1 Was stimmt? Kreuze an.

In der Schule schläft und träumt man.
Dafür gibt es extra weiche Kissen. ○

Du lernst in der Schule rechnen, schreiben und lesen.

In einer Klasse lernen viele Kinder.
Da kannst du nette Freunde finden. ○

Die Lehrer lernen, was die Schüler ihnen beibringen.  ○

Alle freuen sich darüber, wenn du im Unterricht laut quatschst.  ○

Du musst dich melden, wenn du etwas sagen möchtest.  ○

In den großen Pausen kannst du spielen, mit wem du möchtest.  ○

3

**1** Lies genau und male.

| | | |
|---|---|---|
| eine Kirsche | eine Kirche | ein Kuchen |

| | | |
|---|---|---|
| die Beine | die Biene | die Birne |

4 ☺ ☐ ☹

**1** Lies die Wörter. Suche dir eins aus und male es.

○ der Tee
○ die Teekanne

○ das Brot
○ die Brotbüchse

○ der Brief
○ der Briefumschlag

○ der Elefant
○ der Elefantenrüssel

☺ 😐 ☹ 5

**1** Was reimt sich?

 Schnur

Zahn

Kammer

Gras

Schmerz

Wand

Zange

Bote

**1** Was reimt sich?

Lücke

Sahne

Raum

Brot

Tuch

Kuh

Welle

Pinsel

**1** Was machen die Kinder?

🖊 Die Kinder

✏️

| | | | |
|---|---|---|---|
| rennen. | ◯ | reiten. | ◯ |
| weinen. | ◯ | fahren. | ◯ |
| hopsen. | ◯ | malen. | ◯ |
| | | | |
| suchen. | ◯ | murmeln. | ◯ |
| turnen. | ◯ | buddeln. | ◯ |
| rufen. | ◯ | basteln. | ◯ |

**Viel Spaß!**

**1** Was stimmt? Kreuze an.

✏ Auf einem Rummel gibt es Karusselle,
eine Geisterbahn, viele Buden und Achterbahnen. ◯

In der Geisterbahn spuken Gänse. ◯

Viele Buden verkaufen rosa Zuckerratte und tote Äpfel. ◯

An vielen Buden kannst du dir
rosa Zuckerwatte und rote Äpfel kaufen. ◯

Lachen ist auf einem Rummel streng verboten.
Du sollst keinen Spaß haben. ◯

Eine Achterbahn heißt so,
weil immer nur acht Personen mitfahren dürfen. ◯

 **1** Lies und male.

ein Nest mit
zwei Küken

ein Drachen mit
einem Lachgesicht

ein Tisch mit
fünf Tellern

ein Schirm mit
vielen Punkten

ein Clown mit
gestreiftem Hut

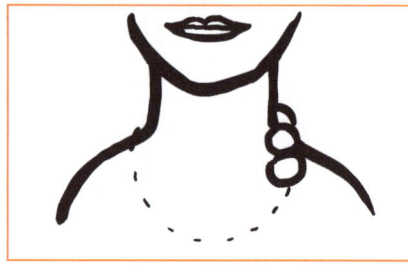

eine Kette mit
bunten Perlen

**1** Wie ist deine Meinung?

|  | ja | nein |
|---|---|---|
| Ich finde Katzen niedlich und sehr süß. | ○ | ○ |
| Ich grusele mich vor Spinnen. | ○ | ○ |
| Ich habe Angst vor großen Hunden. | ○ | ○ |
| Ich mag Pferde und finde sie schön. | ○ | ○ |
| Ich mag Läuse auf dem Kopf. | ○ | ○ |
| Ich freue mich über Entenküken. | ○ | ○ |
| Ich finde Regenwürmer gefährlich. | ○ | ○ |

**1** Male so aus:

Rot sind die großen Schiffe.

Blau sind das Wasser und die
Wellen, die Wolken am Himmel.

Gelb ist der Sand am Strand
und die Sonne am Himmel.

Grün ist das Schilf am Ufer.

Braun ist die Ente mit ihren Küken und der Anlegesteg.

Orange sind alle Kanus und
der Hebekran für Fracht.

**1** Was stimmt? Kreuze an.

An einer roten Ampel musst du immer stehen bleiben! ◯

Vor dem Überqueren einer Straße schaust du nach
links, rechts, links. ◯

Es ist verboten, auf dem Bürgersteig zu laufen. ◯

Ein Fußgänger muss immer eine Klingel und
ein Rücklicht mit sich tragen. ◯

Im Winter sollst du helle, leuchtende Kleidung tragen,
damit dich die Autos im Dunkeln besser sehen können. ◯

Zum Fahrradfahren brauchst du unbedingt eine
Taucherbrille, eine Badekappe und Schwimmflossen. ◯

**1** Lies genau und male.

eine Schale mit Streifen

ein Schal mit Schleifen

ein Stall mit Schafen

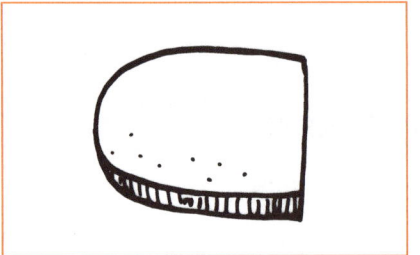

ein Brot mit Sahne

ein Boot mit Fahne

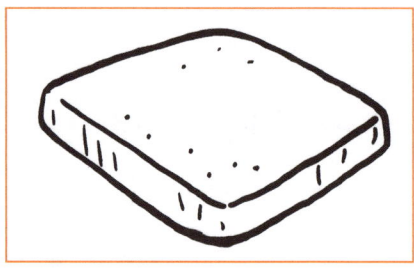

ein Toast mit Banane

**1** Lies die Wörter. Suche dir eins aus und male.

*Lies genau!*

○ die Schokolade
○ das Schokoladeneis
○ der Schokoladeneisbecher

○ der Gummi
○ das Gummibärchen
○ die Gummibärchentüte

○ die Weihnacht
○ der Weihnachtsbaum
○ der Weihnachtsbaumstern

○ der Sand
○ der Sandkasten
○ das Sandkastenspielzeug

☺ ☺ ☹ 15

**1** Was reimt sich?

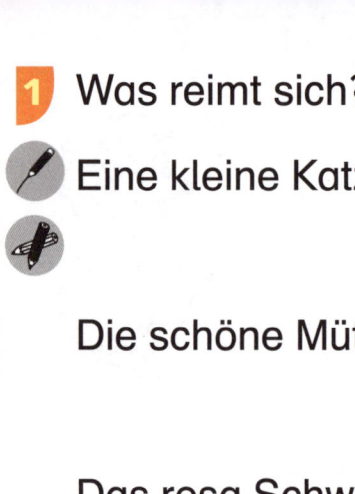

| | |
|---|---|
| Eine kleine Katze | lebt ein kleiner Wurm. |
| Die schöne Mütze | liegt ein Knopf. |
| Das rosa Schwein | ist lustig und bunt. |
| Im hohen Turm | zeigt mir ihre Tatze. |
| Im grünen Topf | liegt in der Pfütze. |
| Der große Hund | ist ganz schön klein. |

16

**1** Was reimt sich?

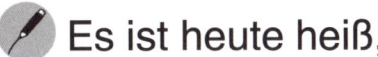

Es ist heute heiß,　　　　　scheint auf die Tonne.

Der freche Junge　　　　　ich esse ein Eis.

Die kleine Meise　　　　　ist eine Flasche.

Auf dem Schild　　　　　ist ein Bild.

In der Tasche　　　　　zeigt mir die Zunge.

Die Sonne　　　　　ist heute leise.

Reime verbinden

**1** **Was machen die Tiere?**

 Die Tiere

| | | |
|---|---|---|
| saufen. ◯ | krähen. ◯ |
| weinen. ◯ | kochen. ◯ |
| grasen. ◯ | träumen. ◯ |
| lesen. ◯ | baden. ◯ |
| fressen. ◯ | fliegen. ◯ |
| schlafen. ◯ | wippen. ◯ |
| picken. ◯ | küssen. ◯ |

Viel Spaß!

**1** Was stimmt? Kreuze an.

Flugzeuge können unter Wasser fliegen. ◯

Flugzeuge haben Flügel, Fenster und
Notausgänge. ◯

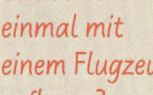
Bist du schon einmal mit einem Flugzeug geflogen?

Das Flugzeug ist das älteste Fahrzeug der Welt. ◯

Der Fahrer eines Flugzeuges heißt Pilot. ◯

Im Flugzeug gibt es zur Sicherheit der
Menschen auch Schwimmwesten. ◯

Flugzeuge können bis zum Mond fliegen. ◯

Flugzeuge sind schneller als Autos. ◯

Lies und ergänze.

Male in die Burg ein Gespenst und eine Prinzessin.

Male auf die rote Blume einen bunten Schmetterling.

Male in den Korb drei kleine Hunde und die Hundemutter.

Male in die Unterwasserwelt Fische und eine Schatzkiste.

 lesen und Bild ergänzen

 20

**1** Was stimmt? Kreuze an.

Seine Zähne muss man mehrmals am Tag putzen. ◯

Katzen putzen sich die Zähne mit Stöckchen. ◯

Pflanzen haben keinen Mund und keine Zähne. ◯

Zum Zähneputzen brauchst du
Wasser, Zahnpasta und eine Zahnbürste. ◯

Tiger haben sehr scharfe und spitze Zähne. ◯

Der Zahnarzt prüft, ob die Zähne gesund sind. ◯

Der Zahnarzt bohrt in gesunde Zähne Löcher. ◯

**1** Male aus.

 Die Fee hat lange, weiße Haare mit goldenen Strähnen.

Ihre Krone ist gelb mit kostbaren, roten Steinen.

Die Fee hat dunkelblaue Augen mit langen Wimpern und einen roten Mund.

Das Kleid ist dunkelgrün, es ist aus Samt und Seide.

Die Flügel sind hellblau und sehr zart.

Die Blüte, auf der die Fee sitzt, ist hellgelb.

Hier kannst du ausmalen.

☺ ☺ ☹ 23

**1** Lies genau und kreuze an.

 Das ist ein Sieb für
- ◯ Nadeln.
- ⊗ Nudeln.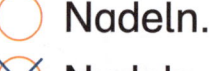

Das sind Schuhe für die
- ◯ Hähne.
- ◯ Hände.

Das ist ein Korb für
- ◯ Pudel.
- ◯ Puder.

Das ist ein schwerer
- ◯ Stein.
- ◯ Stern.

Das ist eine goldene
- ◯ Schnalle.
- ◯ Schale.

**1** Lies genau und verbinde.

Mein Regal hat einen Teddy.

Mein Regal hat vier Bücher,

zwei Autos und eine Legokiste.

Da sind eine Puppe und

ein Kuscheltier.

Das Kuscheltier ist eine Ente.

Die Uhr zeigt 14 Uhr an.

Mein Regal hat einen Teddy,

eine Legokiste und vier Bücher.

In meinem Regal stehen

zwei Autos und eine Puppe.

Die Uhr zeigt 4 Uhr an.

Das Kuscheltier steht auch dort.

Es ist eine Ente.

☺ 😐 ☹ 25

**Lies genau.**

| | | |
|---|---|---|
| ◯ Topf mit Dackel | ◯ blaue Welle | ◯ Tisch mit Schuppen |
| ◯ Topf mit Dattel | ◯ raue Wolle | ◯ Fisch mit Schrippen |
| ◯ Kopf mit Deckel | ◯ laue Wolle | ◯ Fisch mit Puppen |
| ◯ Zopf mit Dattel | ◯ blaue Wolle | ◯ Frosch mit Schuppen |
|  Topf mit Deckel | ◯ blaue Rolle | ◯ Fisch mit Schuppen |

**1** Was packst du alles in deinen Koffer?

**Packliste**

○ ein Handtuch

○ einen Kamm

○ eine Zahnbürste

○ rote Socken

○ eine blaue Hose

○ eine braune Jacke

○ einen roten Pullover

○ eine gelbe Unterhose

○ eine hellblaue Schirmmütze

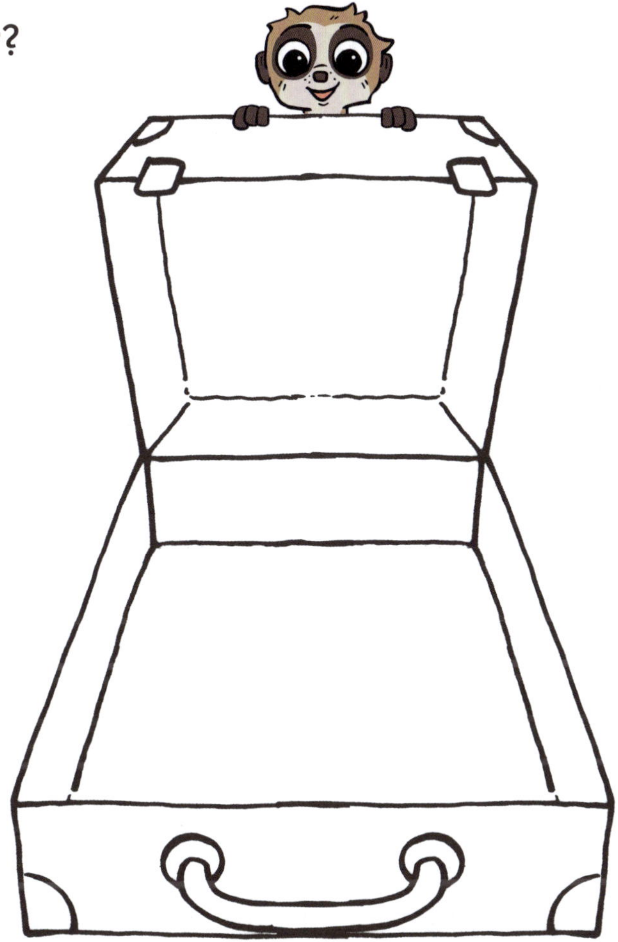

☺ ☺ ☹ 27

 **Lies und ergänze.**

Male auf den Tisch vier Teller, Gabeln, Messer und Gläser.

Male an den Baum fünf rote Äpfel und eine Leiter.

Male einen bunten Luftballon mit gelben Punkten und Streifen.

Male einen Roboter mit vielen Hebeln und zwei Köpfen.

**1** Was stimmt? Kreuze an.

Erdmännchen heißen so, weil es nur Männchen gibt.

Erdmännchen können auf ihren Hinterbeinen stehen.

Erdmännchen haben einen Schildkrötenpanzer
mit spitzen Stacheln darauf.

Erdmännchen fressen gern Pizza und Nudeln mit Tomatensoße.

Erdmännchen leben in Gruppen unter der Erde.
Deshalb heißen sie auch Erdmännchen.

Erdmännchen sind meist unter Wasser im Meer.
Dort jagen und fressen sie Haie.

**1** Male aus:

 Das Tor hat gelbe Pfosten und ein gelbes Netz.

Der Torwart hat braune Haare und orange Handschuhe.

Seine Hose und sein Hemd sind grün.

Der Stürmer hat gerade den Ball. Er trägt ein blaues Hemd und weiße Hosen.

Der Abwehrspieler gehört zur anderen Mannschaft.
Er trägt ein rotes Hemd und weiße Hosen.

Der Trainer hat einen schwarzen Sportanzug an.

Die Taube auf dem Tor ist grau.

☺ ☺ ☹ 31

**1** Lies genau und kreuze an.

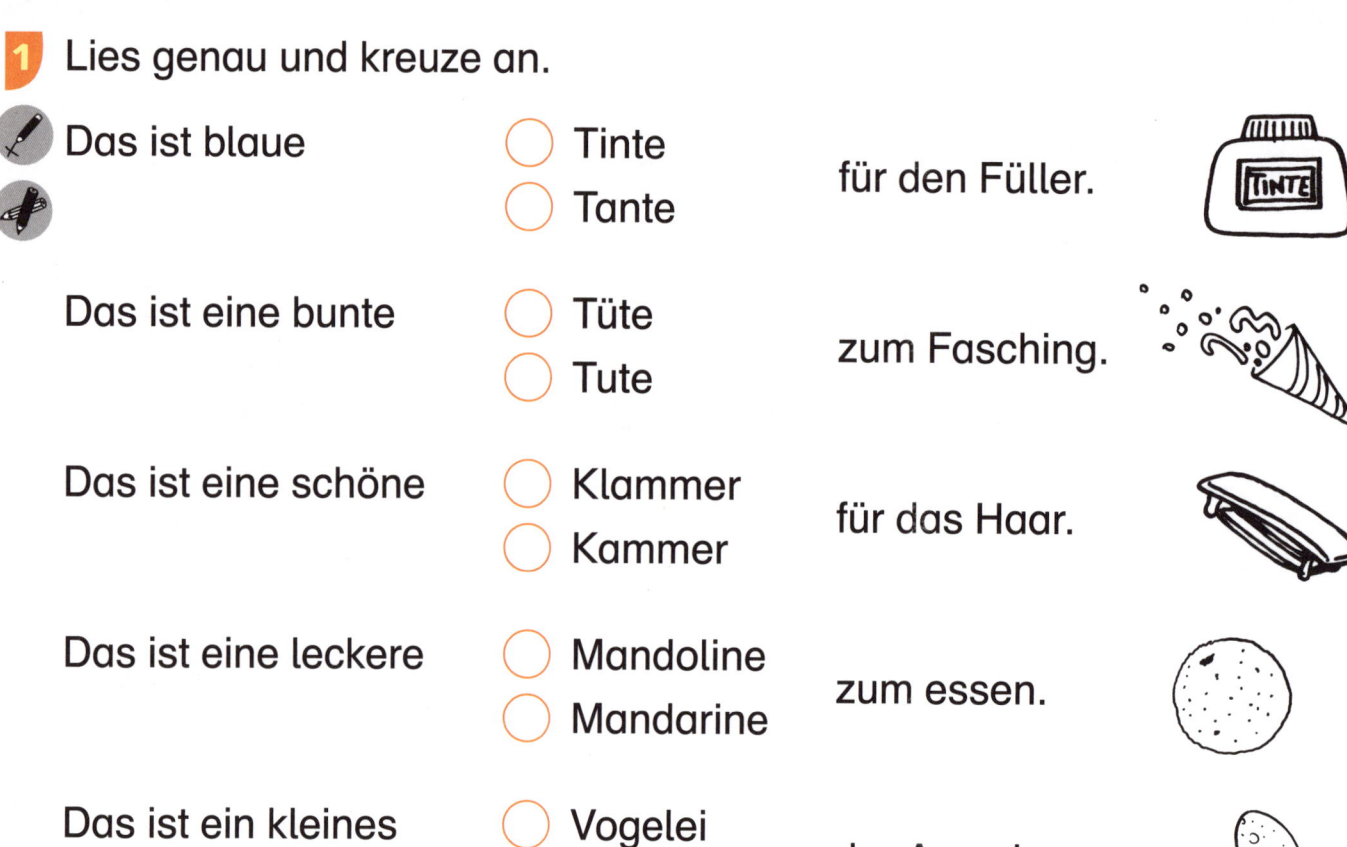

Das ist blaue ⚪ Tinte / ⚪ Tante · für den Füller.

Das ist eine bunte ⚪ Tüte / ⚪ Tute · zum Fasching.

Das ist eine schöne ⚪ Klammer / ⚪ Kammer · für das Haar.

Das ist eine leckere ⚪ Mandoline / ⚪ Mandarine · zum essen.

Das ist ein kleines ⚪ Vogelei / ⚪ Vogeleis · der Amsel.

**1** Lies genau und verbinde.

Mein Monster ist überall grün.
Es hat vier Arme und einen
weißen Bauch.
Seine Köpfe haben Stielaugen.
Der Bauch ist sehr dick.
Das Monster hat drei Füße,
aber keine Beine.

Mein Monster hat drei Köpfe mit
Glupschaugen. Sein Körper ist
grün. Es hat vier Arme und
keine Beine. Dafür hat es direkt
unter dem dicken Bauch die
Füße. Das Monster hat vier
Füße mit Zehen.

 33

**1** Wie ist deine Meinung?

Und was mögen deine Freunde?

ja          nein

Ich spiele gern Fußball mit meinen Freunden.  ○   ○

Ich finde Reiten super, weil ich Pferde mag. ○   ○

Ich spiele nicht gern Mensch-ärgere-dich-nicht. ○   ○

Ich finde Tennis ist eine tolle Sportart. ○   ○

Ich spiele gern mit meinen Puppen.  ○   ○

Ich mag keine Sammelkarten.  ○   ○

Ich würde gern am Computer spielen.  ○   ○

Meinung bilden

**1** Lies und male.

Male ein wildes, gefährliches Tier,
das du dir ausdenkst.

Male ein Pizzastück mit Salami,
Käse und grünen Paprikastreifen.

Male einen grünen Turnschuh
mit gelbem Schnürsenkel und
zwei Sternen.

Male ein Muster mit roten
Vierecken, gelben Dreiecken
und grünen Kreisen.

lesen und malen

 35

## Viel Spaß!

**1** Was stimmt? Kreuze an.

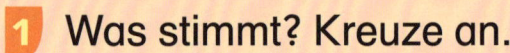 Im Wald stehen überall Bäume, deshalb ist dort viel Schatten. ○

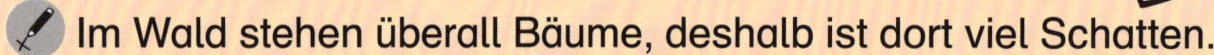 Im Wald leben das Eichhörnchen, der Fuchs und die Milchkühe. ○

Im Sommer ist es im Wald kühler als auf dem Feld. ○

Im Wald leben viele Tiere – auch Käfer gehören dazu. ○

Der Wald hat keine Sträucher und keine Gräser. ○

Der Wald ist für Menschen wichtig. ○

Im Wald leben viele Vögel, weil sie in den Bäumen ihre Nester bauen können. ○

36

**1** Lies genau und kreuze an.

Das ist ein heißer grüner
- ○ See.
- ○ Tee.

Das ist ein Stein mit grünem
- ○ Moor.
- ○ Moos.

Das ist ein trockenes
- ○ Handbuch.
- ○ Handtuch.

Das ist eine Schildkröte mit
- ○ Panzer.
- ○ Panther.

Das ist des Jägers
- ○ Flinte.
- ○ Tinte.

☺ ☺ ☹ 37

**1** Male aus.

 Die Bäume haben grüne Blätter und braune Baumstämme.

Der Specht ist schwarz. Sein Bauch ist weiß und am Schwanz hat er einen roten Fleck.

Die Käfer auf dem Boden sind braun.

Das Eichhörnchen klettert in der Baumkrone. Es hat ein oranges Fell.

Der Fuchs ist rot, er fängt gern Mäuse.

Im Wald können sich auch die Menschen gut ausruhen.

Ein Junge liegt auf dem Boden. Er trägt eine blaue Hose und einen grünen Pullover.

☺ ☺ ☹ 39

**1** Wie ist deine Meinung?

Ich finde jedes Wetter schön.

*Ich mag Sonnenschein.*

| | ja | nein |
|---|---|---|

Wenn es regnet, gehe ich nicht gern nach draußen.

Ich mag Regenwetter auch, dann hole ich meinen Schirm.

Ich finde Sonnenschein zu heiß.

Ich liebe es, wenn die Sonne scheint und ich baden gehen kann.

Ich spiele meistens draußen.

Ich mag Eis und Schnee besonders gern.